DATE DUE			

WEEKLY WR READER
EARLY LEARNING LIBRARY

Nature's Food Chains/Las cadenas alimentarias en la naturaleza

What Desert Animals Eat / ¿Qué comen los animales del desierto?

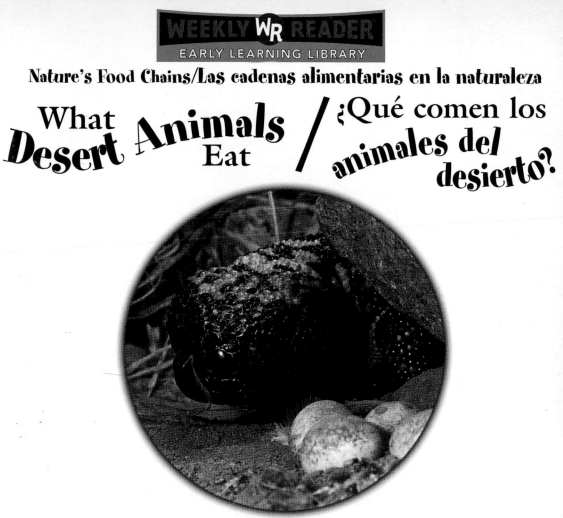

by/por Joanne Mattern

Reading consultant/Consultora de lectura: Susan Nations, M.Ed.,
author/literacy coach/consultant/autora/tutora de alfabetización/consultora

Science and curriculum consultant/Consultora de ciencias y contenido curricular: Debra Voege, M.A.,
science and math curriculum resource teacher/maestra de recursos curriculares de ciencias y matemáticas

Library of Congress Cataloging-in-Publication Data

Mattern, Joanne, 1963-
    [What desert animals eat. Spanish & English]
    What desert animals eat = Qué comen los animales del desierto? / Joanne Mattern.
      p. cm. — (Nature's food chains = Las cadenas alimentarias en la naturaleza)
    Includes bibliographical references and index.
    ISBN-10: 0-8368-7371-8 — ISBN-13: 978-0-8368-7371-9 (lib. bdg.)
    ISBN-10: 0-8368-7378-5 — ISBN-13: 978-0-8368-7378-8 (softcover)
    1. Desert animals—Food—Juvenile literature.   2. Food chains (Ecology)—Juvenile literature.
I. Title. II. Title: Qué comen los animales del desierto?
    QL116.M38   2007b
    591.754—dc22   2006018414

This edition first published in 2007 by
Weekly Reader® Early Learning Library
A Member of the WRC Media Family of Companies
330 West Olive Street, Suite 100
Milwaukee, WI 53212 USA

Editor: Barbara Kiely Miller
Art direction: Tammy West
Cover design, page layout, and illustrations: Dave Kowalski
Picture research: Diane Laska-Swanke
Translators: Tatiana Acosta and Guillermo Gutiérrez

Picture credits: Cover, title, © Jim Merli/Visuals Unlimited; p. 5 © Joe McDonald/Visuals Unlimited;
p. 7 © Richard Du Toit/naturepl.com; p. 9 © Carlyn Galati/Visuals Unlimited; p. 11 © Jack Milchanowski/
Visuals Unlimited; p. 13 © James P. Rowan; p. 15 © John Cancalosi/naturepl.com; p. 17 © Luther Linkhart/
Visuals Unlimited; p. 19 © Michael H. Francis

Printed in the United States of America

1 2 3 4 5 6 7 8 9 10 09 08 07 06

Note to Educators and Parents

Reading is such an exciting adventure for young children! They are beginning to integrate their oral language skills with written language. To encourage children along the path to early literacy, books must be colorful, engaging, and interesting; they should invite the young reader to explore both the print and the pictures.

The *Nature's Food Chains* series is designed to help children learn about the interrelationships between animals in a food chain. In each book, young readers will learn interesting facts about what animals eat in different habitats and how food chains are connected into food webs.

Each book is specially designed to support the young reader in the reading process. The familiar topics are appealing to young children and invite them to read — and reread — again and again. The full-color photographs and enhanced text further support the student during the reading process.

In addition to serving as wonderful picture books in schools, libraries, homes, and other places where children learn to love reading, these books are specifically intended to be read within an instructional guided reading group. This small group setting allows beginning readers to work with a fluent adult model as they make meaning from the text. After children develop fluency with the text and content, the book can be read independently. Children and adults alike will find these books supportive, engaging, and fun!

— Susan Nations, M.Ed., author, literacy coach,
and consultant in literacy development

Nota para los maestros y los padres

¡Leer es una aventura tan emocionante para los niños pequeños! A esta edad están comenzando a integrar su manejo del lenguaje oral con el lenguaje escrito. Para animar a los niños en el camino de la lectura incipiente, los libros deben ser coloridos, estimulantes e interesantes; deben invitar a los jóvenes lectores a explorar la letra impresa y las ilustraciones.

La colección *Las cadenas alimentarias en la naturaleza* está diseñada para ayudar a los niños a conocer cómo se relacionan los animales en una cadena alimentaria. En cada libro, los niños aprenderán datos interesantes sobre lo que comen los animales en diferentes hábitats y cómo las cadenas alimentarias se integran en redes alimentarias.

Cada libro está especialmente diseñado para ayudar al joven lector en el proceso de lectura. Los temas familiares llaman la atención de los niños y los invitan a leer —y releer— una y otra vez. Las fotografías a todo color y el tamaño de la letra ayudan aún más al estudiante en el proceso de lectura.

Además de servir como maravillosos libros ilustrados en escuelas, bibliotecas, hogares y otros lugares donde los niños aprenden a amar la lectura, estos libros han sido especialmente concebidos para ser leídos en un grupo de lectura guiada. Este contexto permite que los lectores incipientes trabajen con un adulto que domina la lectura mientras van determinando el significado del texto. Una vez que los niños dominan el texto y el contenido, el libro puede ser leído de manera independiente. ¡Estos libros les resultarán útiles, estimulantes y divertidos a niños y a adultos por igual!

— Susan Nations, M.Ed., autora/tutora de alfabetización/
consultora de desarrollo de la lectura

All living things need food to live and grow. Some animals eat plants. Some eat smaller animals. This **lizard** is part of a **desert** food chain. A **food chain** shows the order of who eats what.

Todos los seres vivos necesitan alimentos para vivir y crecer. Algunos animales comen plantas. Otros se alimentan de animales más pequeños. Este **lagarto** forma parte de una cadena alimentaria del **desierto**. Una **cadena alimentaria** muestra quién come qué y en qué orden.

Plants are at the bottom of a food chain. They make their own food from sunshine, water, and air. Many desert animals eat plants. A mouse eats this plant.

-- -- -- -- -- -- -- -- -- -- -- -- -- -- -- --

En la base de una cadena alimentaria se encuentran las plantas. Éstas usan la luz del sol, el agua y el aire para producir su propio alimento. Muchos animales del desierto comen plantas. Un ratón se come esta planta.

FOOD CHAIN/CADENA ALIMENTARIA

Mouse/Ratón

↑

Plant/Planta

The mouse is eaten by a larger animal.
A desert snake eats this mouse.

Un animal más grande se come al ratón.
Una serpiente del desierto se come a
este ratón.

FOOD CHAIN/CADENA ALIMENTARIA

Snake/Serpiente

Mouse/Ratón

Plant/Planta

9

Then the snake is eaten by an even larger animal. This **eagle** eats snakes. Eagles are at the top of their food chains. No other animal will eat them.

- -

Un animal aún más grande se come a la serpiente. Esta **águila** come serpientes. Las águilas están en la parte más alta de su cadena alimentaria. Ningún otro animal se las come.

FOOD CHAIN/CADENA ALIMENTARIA

Eagle/Águila

Snake/Serpiente

Mouse/Ratón

Plant/Planta

11

A desert has many food chains. A **cactus** is at the bottom of some food chains. This beetle eats a cactus.

- - - - - - - - - - - - - - - - - - -

En un desierto hay muchas cadenas alimentarias. El **cactus** se encuentra en la base de algunas cadenas alimentarias. Este escarabajo se come un cactus.

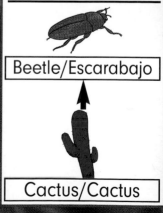

FOOD CHAIN/CADENA ALIMENTARIA

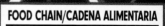

Beetle/Escarabajo

Cactus/Cactus

13

Then the beetle is eaten by a larger animal.
This lizard eats a beetle.

Después, un animal más grande se come
al escarabajo. Este lagarto se come un
escarabajo.

FOOD CHAIN/CADENA ALIMENTARIA

Lizard/Lagarto

Beetle/Escarabajo

Cactus/Cactus

The lizard is eaten by an even larger animal. This **coyote** (keye O tee) eats lizards. Coyotes are at the top of their food chains.

- - - - - - - - - - - - - - - - - - - -

Un animal aún más grande se come al lagarto. Este **coyote** come lagartos. Los coyotes están en la parte más alta de su cadena alimentaria.

FOOD CHAIN/CADENA ALIMENTARIA

Coyote/Coyote

Lizard/Lagarto

Beetle/Escarabajo

Cactus/Cactus

An animal or plant can be part of more than one food chain. Coyotes eat lizards. But they eat snakes and mice, too! This coyote is eating a snake. Eating many kinds of foods helps animals stay alive.

- - - - - - - - - - - - - - - - - - - -

Una planta o un animal pueden formar parte de más de una cadena alimentaria. Los coyotes comen lagartos. ¡Pero también comen serpientes y ratones! Este coyote se está comiendo una serpiente. Gracias a que comen muchas clases de alimentos, los animales pueden sobrevivir.

A **food web** is formed when two or more food chains are connected. Animals that are part of more than one food chain connect the chains. Food webs show that animals have many things to eat!

Cuando dos o más cadenas alimentarias se conectan, se forma una **red alimentaria**. Las cadenas se conectan gracias a los animales que forman parte de más de una cadena alimentaria. ¡Las redes alimentarias nos enseñan que los animales comen muchas cosas!

A Desert Food Web/Una red alimentaria del desierto

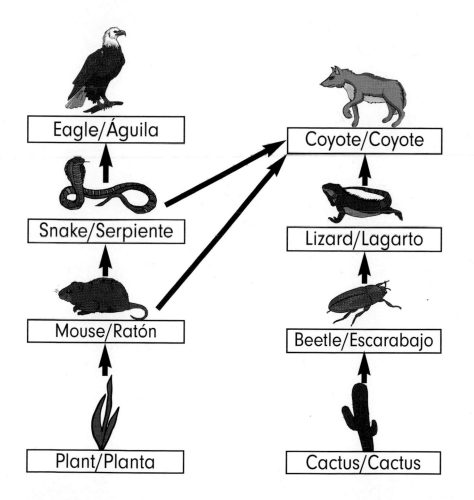

Glossary

cactus — a plant that has thick stems that are often covered with sharp spines. Cactuses grow in hot, dry places.

food chain — a list of living things, in which each plant or animal is eaten by the next animal on the list

food web — food chains that are connected by a plant or animal that is common to both chains

lizard — a reptile that has a scaly body, four legs, and a long tail. Most lizards live in warm places.

Glosario

cactus — planta de tallos gruesos que suelen estar cubiertos de afiladas espinas. Los cactus crecen en lugares cálidos y secos.

cadena alimentaria — lista de seres vivos en la que cada planta o animal sirve de alimento al siguiente animal de la lista

lagarto — reptil con el cuerpo cubierto de escamas, cuatro patas y una cola larga. La mayoría de los reptiles viven en lugares templados.

red alimentaria — conexión de cadenas alimentarias que están unidas por una planta o animal que forma parte de ambas cadenas

For More Information/Más información

Books

Coyotes. Animals That Live in the Desert (series).
  JoAnn Early Macken (Gareth Stevens)

Desert Animals. Animals in Their Habitats (series).
  Francine Galko (Heinemann)

Food Chains in a Desert Habitat. The Library of Food Chains
  and Food Webs (series). Isaac Nadeau (Powerkids Press)

*Who Grows Up in the Desert?: A Book About Desert Animals
  and Their Offspring.* Who Grows Up Here? (series).
  Theresa Longenecker (Picture Window Books).

Libros

Coyotes/Coyotes. Animals That Live in the Desert/Animales
  del Desierto (series). JoAnn Early Macken (Gareth Stevens)

Gila Monsters/Monstruos de Gila. Animals That Live in
  the Desert/Animales del Desierto (series).
  Francine Galko (Heinemann)

Index

Índice

About the Author

Joanne Mattern has written more than one hundred and fifty books for children. Joanne also works in her local library. She lives in New York State with her husband, three daughters, and assorted pets. She enjoys animals, music, going to baseball games, reading, and visiting schools to talk about her books.

Información sobre la autora

Joanne Mattern ha escrito más de ciento cincuenta libros para niños. Además, Joanne trabaja en la biblioteca de su comunidad. Vive en el estado de Nueva York con su esposo, sus tres hijas y varias mascotas. A Joanne le gustan los animales, la música, ir al béisbol, leer y hacer visitas a las escuelas para hablar de sus libros.